LA
CITOLÉGIE,

NOUVEAU MAITRE DE LECTURE PRATIQUE,

PAR H^{te}-A^{te} DUPONT,

INSTITUTEUR, MEMBRE DE LA SOCIÉTÉ GRAMMATICALE ET DE LA SOCIÉTÉ DES MÉTHODES D'ENSEIGNEMENT DE PARIS.

Approuvé par le Conseil royal de l'Instruction publique,

Adopté généralement dans les Académies de Nancy, Metz, Grenoble, etc., etc.

10ᵉ ÉDITION.

PARIS,

LIBRAIRIE ÉLÉMENTAIRE DE E. DUCROCQ,
RUE HAUTEFEUILLE, 22.

1857.

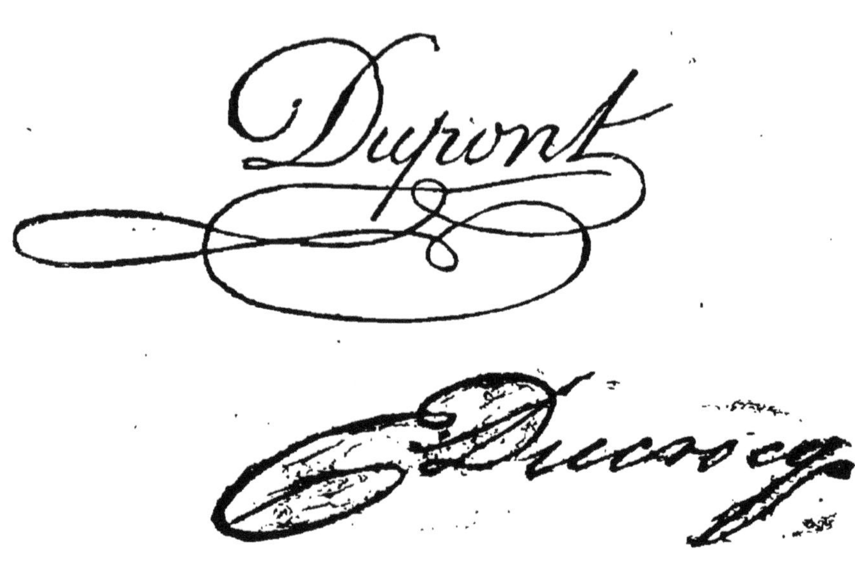

AVIS AUX INSTITUTEURS.

La Citolégie a été imprimée à la fois,

1º En tableaux pour les écoles d'enseignement simultané et d'enseignement mutuel;

2º In-8º, pour les maîtres et les mères de famille, avec toutes les instructions nécessaires pour la théorie et la pratique;

3º In-16, pour être mis entre les mains des enfants, qui pourront ainsi répéter chez eux les leçons qu'ils reçoivent en classe.

Imprimerie de Mᵐᵉ PORTHMANN,
Rue du Hasard-Richelieu, 6.

AVIS. — Employez une partie de la leçon à enseigner l'effet des consonnes sur les voyelles, sans móntrer le livre.

Ire LEÇON.

Quelle est votre main droite? Quelle est votre main gauche? Indiquez le bas, le haut, le côté droit et le côté gauche du livre.

IIe LEÇON.

VOYELLES SIMPLES REPRÉSENTÉES PAR UNE SEULE LETTRE.

o é a e i u

i y é è

EXERCICE.

AVIS. — Obligez l'élève à montrer ci-dessus chaque lettre que vous lui désignez dans l'exercice.

a e i o u e è y

a i o è é u e o

AVIS. — Continuez à enseigner l'effet des consonnes sur les voyelles, sans montrer le livre.

VOYELLES LONGUES.

â ê î ô û

Différentes sortés d'e.

e é è ê

muet, fermé, ouvert.

IIIe LEÇON.

Nota. Le nom des consonnes est au-dessous de chacune.

CONSONNES SIMPLES REPRÉSENTÉES PAR UNE SEULE LETTRE.

t n m v j h b d p

te ne me ve je he be de pe

EXERCICE.

AVIS. — Obligez l'élève à montrer dans le titre, en la nommant, chaque lettre que vous lui désignez dans l'exercice.

d b h m n p t j v

v j t p m n h b d

AVIS. — Continuez à enseigner l'effet des consonnes sur les voyelles, sans montrer le livre.

IVe LEÇON.

SUITE DES CONSONNES SIMPLES REPRÉSENTÉES PAR UNE SEULE LETTRE.

c	f	l	r	g	x	s	z
que	fe	le	re	gue	xe	se	ze

s	ç	c	k
se	se	que	que

EXERCICE.

AVIS. — Obligez l'élève à montrer dans le titre, en la nommant, chaque lettre que vous lui désignez dans l'exercice.

l f x ç c z s g k r

r k g s z c ç x f l

CONSONNES AVEC APOSTROPHE.

m' t' d' s' n' c' l' j'

Vᵉ LEÇON.

SYLLABES DIRECTES.

bo	bê	bè	bâ	bu
by	bé	be	bi	
du	d'a	dy	di	d'o
dê	dè	dé	de	
fi	fa	fy	fê	fé
fe	fè	fu	fi	
jé	je	j'ô	j'é	j'y
j'u	j'y	j'è	ja	
ki	ku	ke	ké	ky
kâ	ko	kê	kè	
l'â	l'é	l'ê	l'u	le
lè	ly	li	lô	

mê   mo   mé   my   mi
me   mú   m'a   mê
né   ni   nu   ne   né
nó   n'a   ny   n'è
pe   pè   pí   pô   pu
pa   pé   pê   py
ro   rê   rè   râ   ru
ry   ré   rè   ri
su   sa   si   sy   so
sê   sé   sè   se
ti   t'a   ty   tè   te
tè   té   to   tu
vê   ve   vo   vé   vy
vu   vi   vè   va
xi   xu   xe   xè   xi

xa xo xê xé

ze zè zi zo za

zè zê zu zy

* ca cè cê cu cè ce cy ci co.

go gé gi ge gy gu ga gê gè.

hé hi hu he hê ho hâ hy he.

PREMIER RÉSUMÉ DES CONNAISSANCES ACQUISES.

a â e é è ê i î o ô u û y

b c d r f g h j k l m n p s

t v x z

c' d' j' l' m' n' s' t'.

MAJUSCULES A ÉTUDIER DÈS MAINTENANT.

R L P M J T C.

VIᵉ LEÇON.

AVIS. — Employez une partie de la leçon à enseigner les voyelles composées, pag. 15.

René a vu la lune.

e é a u a u e

René a fini sa page.

e é a i i a a e

Remy a vêtu René.

e i a ê u e é

La robe me gêne.

a o e e ê e

Remy a lu une page.

e i a u u e a e

Remy a de la bile.

e i a e a i e

René à vu rire Remy.

e é a u i e e i

Remy a jeté sa pipe.

e i a e é a i e

L'ami a vu le pape.

Remy a une petite tête.

Papa a fumé sa pipe.

Remy a vu une vipère.

Remy a reçu une rave.

La mère fera le pâté.

Papa leva la tête.

Remy ira à la noce.

Papa va à la cave.

* Ma mère dîne ici.

Je lave le pavé.

Luce fera sa robe.

Remy fume sa pipe.

Le pavé sera lavé.

Lévi lira une page.

Ta pâte sera dure.

René lève la tête.

Remy a du bobo.

René a vu une dame.

René a poli une lame.

Luce lime une lame.

Luce a vu une île.

Lévi a vu une bête.

Papa se lève.

Je dîne à midi.

Ma mère file.

Remy fera une cage.

René a bu du café.

René a sali le sofa.

L'ami va à Rome.

René sera puni.

Jule sera zélé.

* Ce pavé est joli.

Le rôti est salé.

La côte est rude.

Ma lime est fine.

René est déjà venu.

Papa est déjà levé.

Le rôti est fini.

Le pavé est sale.

Remy est poli.

Le café est rare.

La lune est pâle.

Papa est venu ici.

René est venu à midi.

* Rose a fini sa robe.

René a vu le vase doré.

René rase Remy.

Rose a une rave dure.

Rose sale le rôti.

Papa a puni Rose.

René sera rusé.

René a vu une buse.

Lisa a vu le pâté.

La robe de Luce est sale.

Remy vide ce vase.

Le père se rase.

Ce vase est vide.

Rose dîna ici.

Rose a reçu une lime.

MAJUSCULES A ÉTUDIER DÈS MAINTENANT.

S V E O A.

B D F G H I K N

Q U X Y Z.

ALPHABET.

a b c d e f g h i j k l m n

o p q r s t u v x y z.

VIIe LEÇON.

VOYELLES COMPOSÉES.

ai ei au eau eu œu ou

è è ô ô e e ou

EXERCICE.

AVIS. — Obligez l'élève à montrer dans le titre, en la prononçant, chaque voyelle composée que vous lui désignez dans l'exercice.

ou au ei eau eu ai

œu eau ou ai au ei

ei eu œu au ou eau

eu ei au ou ai œu

eau ai eu ei eau au

VIIIᵉ LEÇON.

ai   ei   au   eau   ou · eu   œu

AVIS. — Obligez l'élève à montrer ci-dessus, en le prononçant
le son de chaque syllabe.

beau   vœu   nou   zeu   lau
mai   tei   reau   l'au   bai
dou   neu   l'œu   cau   sei
veau   peau   gou   seu   fei
fou   tai   heu   jau   neau
deu   rou   fai   tei   sou
vei   lau   sau   veau vœu
bau   lei   teu   mœu seu

IXe LEÇON.

AVIS. — Employez une partie de la leçon à enseigner les voyelles
nasales, page 19.

Ma boule est neuve.
a   ou   e è   eu   e

René va au bureau.
e   é   a ô   u   ô

J'aurai toute la peine.
ô   é   ou e a   è   e

J'aime la soupe
è   e a ou   e

Ce radeau est beau.
e   a   ô   è   ô

Rose doute de cela.
La sauce sera fade.
Ce rideau est sale.
J'ai vu la reine.
J'aurai ce beau roseau.
Cela te fera de la peine.

On fera une route neuve.

Remy mène le taureau.

René a une poule jaune.

J'aurai une paume jeudi.

Madeleine a vu le bedeau.

Je dirai à Remy de se taire.

J'ai vu la meute de René.

Remy a voulu le rouleau.

La veuve de René est jeune.

J'aurai ce beau gâteau.

Madeleine a vu une taupe.

J'aurai ce bureau d'acajou.

René aura ce rameau de saule.

J'ai vu le nouveau bedeau.

Xe LEÇON.

VOYELLES NASALES.

a **an** è **in** o **on** eu **un**

an   ain   on   eun

a an am en em

an   an   an

è in im ain aim ein yn ym

ain   ain   ain   ain   ain   ain

o on om

on

eu un um eun

eun   eun

EXERCICE.

AVIS. — Obligez l'élève à montrer ci-dessus, en la prononçant, chaque nasale que vous lui désignez dans l'exercice.

on un im om in em

eun on am um en aim

om ein em in em im

ain om un ein am un

yn   en   ym   em   in   en

an   am   en   em

in   im   ain   aim   ein   ym   yn

on   om

un   um   eun

AVIS. — Obligez l'élève à montrer ci-dessus, en la prononçant, la voyelle nasale de chaque syllabe.

tam	fum	main	den	lon
cun	sein	sim	tem	ban
ten	don	hum	cain	nun
pain	l'un	d'em	mon	nom
gan	tim	cam	tein	nem
sym	pom	fein	jeun	syn
tein	lym	sen	gain	pein
son	nain	syn	sen	tem

XIᵉ LEÇON.

AVIS. — Employez une partie de la leçon à enseigner les voyelles composées, page 15.

Romain dira sa leçon.

o in i a a e on

Ton bandeau est sale.

on an ô è a e

Simon a bu du vin.

i on a u u in

Romain a un beau pinson.

o in a un ô in on

Simon aura faim.

Ma tante va au salon.

Ta main est sale.

Ton pain sera bon.

Rose fera un bandeau.

Simon lira lundi.

Romain monte la pompe.

J'aime le bon pain.

Mon bandeau est fin.

J'ai bu du vin rouge.

Le dindon sera bon.

Paulin aura du bonbon.

Aubin a vendu son dindon.

Mon cousin est tombé.

Mon cousin se lave la tempe.

Paulin ira au moulin.

La pente sera rapide.

J'ai un joli bambou.

La lampe sera éteinte.

XIIᵉ LEÇON.

CONSONNES SIMPLES REPRÉSENTÉES PAR PLUSIEURS LETTRES INSÉPARABLES.

ch   ph   gn   ill   qu

che   fe   gne   ille   que

l'h   m'h   n'h   s'h   d'h   j'h

le   me   ne   se   de   je

ll   mm   nn   rr   ss   ff

le   me   ne   re   se   fe

tt   pp   bb   gg   cc

te   pe   be   gue   que

EXERCICE.

AVIS. — L'élève doit montrer ci-dessus, en la prononçant chaque partie de l'exercice.

ill   gn   ph   qu   ch   gn

qu   ch   ill   ph   gn   ch

l'h   ll   mm   m'h   n'h   nn

rr   rh   th   tt   ss   s'h

XIIIᵉ LEÇON.

qu   ill   gn   ph   ch

SYLLABES.

chou   chan   chai   chain   chau
gnai   gna   gneau   gnou   gné
phy   pha   phe   phé   phan
illan   illon   illa   ille   illo
qui   qu'ou   qu'ai   que   qua
l'h   m'h   n'h   s'h   th
llan   l'h   d'ho   tten   ppeau
sson   s'hu   ccou   bbé   rreau
nnan   ffen   j'ha   mmen   gga

rrou	tta	rru	s'ho	thé
mme	nne	tte	sse	ppe
ppon	mmu	j'hu	l'he	nneu
gna	chon	illau	phy	qu'en
pha	gnon	qu'on	chai	illa

XIIIe LEÇON bis.

AVIS. — Employez une partie de la leçon à enseigner les diphtongues, page 31.

Ton bouchon est sale.
on   ou   on   è   a   e

Paulin lavera mon bouchon.
ô   in   a e a   on   ou   on

J'ai un chausson de laine.
è   un   ô   on   e è   e

Ton chausson sera usé.
on   ô   ou   e a u é

Mon cousin est taquin.
on   ou   in   è   a   in

Le taquin sera puni.

J'ai pêché une tanche.

Jeudi j'en pêcherai quinze.

On me donnera un bouillon.

Mon bouillon sera bon.

Céran a un peigne fin.

Le peigne de Céran est fin.

J'ai un chapeau de paille.

La paille du chapeau est jaune.

Aubin se baigna au moulin.

Aubin gagna un rhume.

La rouille gâte ton couteau.

Ton couteau est rouillé.

Romain quitta la maison.

Paulin dira qui sonne.

J'ai vu un beau phare.

Romain a bu du thé.

Le thé de Chine sera bon.

Ma pomme est bonne.

Ta canne est neuve.

L'heure sonne.

C'est l'homme que j'ai vu.

Le chameau a une bosse.

Remy va à la chasse.

Longin touche ma pomme.

C'est la poupe du vaisseau.

J'aurai ce joli fourreau.

Mon tonneau est vide.

J'ai une belle selle.

J'aurai une pelle neuve.

Paulin ira à la messe.

La petite salle est nette.

Paulin chanta une chanson.

Cette chanson est belle.

L'anche du basson est sèche.

Je lave l'anche du basson.

Ton chausson sera mignon.

Lundi on saigna Sabin.

Ce bouilli sera bon.

Ma tante va à la messe.

Simon a la tête chauve.

Ce vanneau est jeune.

Ton manchon est beau.

J'ai mangé un rognon.

Longin est de ma taille.

J'ai mangé une châtaigne.

On fouilla cette maison.

J'ai vu un beau dauphin.

J'ai une belle raquette.

Rose sécha le linge.

Remy se peigne.

Cette pomme est mûre.

Le rhume est passé.

J'ai vu une taupe.

Cette feuille est sèche.

C'est l'anneau de Remy.

Cette mousse est belle.

Ma chaise est basse.

Ce peigne est beau.

C'est le veau qui tette.

C'est la bonne de ma tante.

———

XIVe LEÇON.

DIPHTHONGUES.

ia   iè   io   ui   oi

ia   iè   io   ui   oi

iau   iai   ieu   oui

iò   iè   ieu   oui

ian   ien   ion   oin   uin

ian   ièn   ion   oin   uin

EXERCICE.

AVIS. — Obligez l'élève à montrer ci-dessus, en la prononçant, chaque diphthongue que vous lui désignez dans l'exercice.

io	oi	ia	iau	iai	iè
ui	ieu	iè	iau	oi	io
ion	oin	ieu	ui	io	ui
ieu	ia	iai	ien	ion	oin
oi	ien	uin	ian	iè	io

ia   ai   iê   ei   iau   ian

ien   ein   ian   ain   ion   oin

XIVe LEÇON bis.

AVIS. — Obligez l'élève à montrer ci-dessus, en la prononçant, la diphthongue de chaque syllabe.

mia   nia   via   ria   dia

tiè   viè   fie   biè   miè

fio   mio   pio   rio   vio

moi   toi   foi   roi   soi

cui   dui   fui   lui   pui

biai   niai   viai   fiai   biai

miau   piau   miau   diau   miau

dieu   lieu   rieu   vieu   sieu

loui	boui	noui	joui	loui
vian	dian	tian	vian	dian
bien	mien	tien	sien	rien
pion	vion	nion	dion	lion
soin	foin	loin	join	poin
juin	chuin	buin	juin	chuin.

XVe LEÇON.

AVIS. — Employez une partie de la leçon à enseigner les syllabes inverses aux pages 38 et 39.

On fera cuire le poisson.
on   e a ui e e oi on

Ce poisson sera bien bon.
e oi on e a ien on

Mon violon est bien bon.
on io on è ien on

Paulin joua du violon.
ô in ou a u io on

Voilà de la terre cuite.

J'aurai une fiole d'huile.

L'huile sera bien douce.

Ton chien m'a suivi bien loin.

La reine aura une belle suite.

La suite du roi sera aussi belle.

Voici une botte de foin.

Mon père sème du sainfoin.

Voilà le milieu du chemin.

Simon touche du piano.

J'ai suivi le bon chemin.

J'ai bu de l'eau tiède.

Mon piano est bien bon.

Ma chatte miaule.

Mon jeune cousin va en Suisse.

Aubin sauta le ruisseau.

Le ruisseau est bien sale,

La Suisse est bien loin d'ici.

Cette viande sera bien cuite.

Paulin mange peu de viande

Céran a un joli maintien.

Le maintien de Paulin est bien.

C'est la pointe du couteau.

Mon couteau est pointu.

On verra ce phare de loin.

2*

Le lapin est bien bon.

On fera un belle tuile.

Voilà une belle pioche.

J'ai la moitié d'une pomme.

Longin aura soin de moi.

L'étui de Paulin est bien beau.

Cette dame juive est bonne.

Voici une bonne laitière.

Romain a cassé la salière.

Voici une feuille de lierre.

Jean jeta une pierre.

Voilà le milieu de la pièce.

Rose raya une page.

Paulin a rayé une ligne.

Remy cassa le noyau.

Le jeune Longin se noya.

Voilà un noyau de pêche.

Maman a payé la toile.

Ma tante paya la façon.

Voilà un tuyau de pipe.

C'est le tuyau de ma pipe.

Rose balaya le salon.

Maman est bien joyeuse.

———

an   na   am   ma   on   no

ne   en   me   em   in   ni

im   mi   un   nu   mu   um

XVIᵉ LEÇON.

SYLLABES INVERSES.

a	ab	ac	ad	af	ag
a	al	ap	ar	ax	
è	eb	ec	ed	ef	eg
è	el	ep	er	ex	
i	ib	ic	id	if	ig
i	il	ip	ir	ix	
o	ob	oc	od	of	og
o	ol	op	or	ox	
u	ub	uc	ud	uf	ug
u	ul	up	ur	ux	
ô	aug	aul	aur		

ou   oug   oul   ouc   our   ouf

eu   eul   eur   œur

oi   oil   oir

è   air

iè   ief   iel

ui   uif   uir

RAPPROCHEMENTS.

ab   ba   al   la   ar   ra

fa   af   el   le   re   er

il   li   fi   if   po   op

ro   or   ip   pi   up   pu

XVIIᵉ LEÇON.

SYLLABES CLOSES.

d'ab	pac	l'ad	mal	car
sec	chef	mer	bel	seg
pic	vif	fil	nip	nir
duc	rup	mur	suc	nul
l'ob	roc	dog	mor	sol
d'aug	maur	paul	joug	bouc
pour	toul	seul	peur	cœur
poil	voir	chair	sœur	soir
cheur	gneur	miel	ciel	fiel
gnal	juif	suif	pair	n'aug
fuir	fier	vier	noir	lief

XVIIIᵉ LEÇON.

AVIS. — Employez une partie de la leçon à enseigner les consonnes composées aux pages 44 et suivantes.

Ton balcon est bien beau.
on   al on è   ien   ô

Martin porta ce fardeau.
ar in or a e ar ô

Silvain ira à mon jardin.
il ain i a a on ar in

Cette tarte sera bonne.
è e ar e e a o e

Germain aime bien la tarte
er ain è e ien a ar e

Victor a mordu sur mon pain.
ic or a or u ur on ain

Voici quelqu'un qui te parle.
oi i el un i e ar e

Victor fera sa barbe.

Siméon est bien hardi.

J'irai mardi au jardin.

Lisa aura une robe verte.

Joseph alla au sermon.

Martin a une belle fourche.

C'est la marque de mon linge.

La vapeur a terni le verre.

Cette perche est bien courte.

J'ai perdu mon mouchoir.

Voilà un beau fourneau.

Paul a un joli merle.

Firmin a un chien borgne.

Voilà du charbon pilé.

Joseph sera charmé de te voir.

Ton chien a mordu Joseph.

J'ai vu une belle perle.

Ma bourse est bien mince.

J'ai vu quelqu'un sur ta porte.

Voilà une feuille verte.

Casimir dira qu'il a soif.

Siméon aime la lecture.

Ma lorgnette est sale.

Firmin a renversé ma chaise.

Ta servante ferma la porte.

Germain tira le cordon.

Victor tua ce corbeau.

Je ferai une belle course.

XIXᵉ LEÇON.

CONSONNES COMPOSÉES, REPRÉSENTÉES PAR PLUSIEURS LETTRES INSÉPARABLES.

bl	**cl**	**fl**	**gl**	**pl**
ble	cle	fle	gle	ple
br	**cr**	**dr**	**fr**	**gr**
bre	cre	dre	fre	gre
pr	**vr**	**tr**	**ccl**	**ffl**
pre	vre	tre	cle	fle
ppl	**ccr**	**ffr**	**ppr**	**ttr**
ple	cre	fre	pré	tre
phl		**phr**	**thr**	**ps**
fle		fre	tre	pse

---

sb	**sc**	**sf**	**sl**	**sm**
sbe	sque	sfe	sle	sme
sp	**st**	**sv**	**sr**	
spe	ste	sve	sre	
sph	**sqh**	**sth**	**spl**	**spr**
sfe	sque	ste	sple	spre
scl	**scr**	**sgr**	**str**	
scle	scre	sgre	stre	

EXERCICE.

bl br cl cr fl fr

gl gr pl pr dr vr

tr phr phl ccl ffl ppl

ccr ffr ppr ttr thr ps

sp spr spl sc scr scl

sph sf squ sc sgr st

str sl sv sr sth phr

phl sph

SYLLABES.

bla bleau bloc blou blon

bro brui brai brun bra

clai clou clin clan cleu

cran crau crain crac croi

flui fleu flan floi flam

frui fron frein frac fruc

glan glu glon glai gleu

gron grai grain grou grean

plein pren plon plen plan

prom pren prou proi pren

phra phry phré phro phre

phlé phla phlo phlu phli

thra thré thry thro thru

spa	spec	spen	spi	spon
sta	stan	sto	stoi	stuc
sco	scan	scu	scour	scon
sfai	sfac	sty	stin	stor
sque	squi	svel	stè	spè
scla	splen	scru	sgra	strac
struc	spè	strai	scrip	strain
sclan	spro	sgri	spen	scan
ccla	ccroi	fflic	ffrac	ttron
ppli	cclo	ccra	ppren	cceru
ttri	ppla	fflan	ffrai	ttra

ble   bel   blo   bol   bra   bar

cro   cor   tra   tar   fle   fel

ple   pel   dra   dar   gra   gar.

XXᵉ LEÇON.

AVIS. — Employez uue partie de la leçon à faire lire le résumé
général aux pages 53 et suivantes.

Je prendrai ce beau pruneau.
  e   en   é   e   o   u   o

On me donna de l'encre noire.
 on   e   o   a   e   an   e   oi   e

Claire porte sa robe blanche.
  è   e   or   e   a   o   e   an   e

Blaise mettra sa perruque blonde.
  è   e   é   a   a   é   u   e   on   e

Voilà un jeune garçon blondin.

On mettra le chapon à la broche.

Cyprien se brouilla avec moi.

Blaise aura du chagrin.

Ce brugnon est bien mûr.

Voilà du chanvre bien fin.

Voici un coffre vermoulu.

J'ai la crampe à la jambe.

J'ai un vase de cuivre.

André fendra cette bûche.

Il viendra sur le déclin du jour.

J'ai un flacon d'eau de Cologne.

J'ai mangé une fraise mûre.

Gabriel a la fièvre chaque jour.

Je boirai un verre d'eau froide.

Cyprien a cassé une glace.

Voilà une grappe de raisin.

Voici une guêtre blanche.

Mon cousin tua un beau lièvre.

Justin aura une blouse grise,

André est bien brusque.

Voici un buste du roi.

André ira jusque sur la place.

Gabriel plaça ce lustre.

J'ai un casque de dragon.

Nestor prendra mon cheval.

Nestor mange une brioche.

Ce garçon est presque nu.

Justin lui donnera une veste.

Voilà un geste bien brusque,

Ce garçon est bien leste.

J'ai mangé le reste du pain.

Rose fera un beau festin.

Le festin sera beau.

Le blé est bien cher.

Le ciel est bien bleu.

C'est la clé de ma chambre.

Ce tableau est bien joli.

La flamme m'a brûlé la main.

Cette glace est bien belle.

Voilà une branche d'arbre.

C'est le brouillon de ma lettre.

J'ai une malle bien grande.

Voici une croûte de pain.

Jean brisa son joujou.

Maman brode un chapeau.

Cette ligne sera bien droite.

La fruitière viendra demain.

Cette phrase est courte.

RÉSUMÉ GÉNÉRAL.

VOYELLES.

a   e   i   o   u   y   é
â   ê   î   ô   û   è   e

---

ou   ai   au   ei   eau   eu   œu.

---

an   in   on   un   im   om   am
em   en   ain   ein   aim   eun   um.

---

ia   iau   ieu   ié   iai   ui   io   oi
ian   ion   ien   oin   uin   ien   ain.

ab   ec   if   og   ul   ap   er

ic   of   ug   al   ep   or   up

el   ig   ef   uc   ob   ad   ar

aul   oug   aug   eul   air   eur   our

œur   uif   iel   uir   ief   ouc   oir.

CONSONNES.

b   c   d   f   g   h   j

k   l   m   n   p   r   s

t   v   x   z   ç   c   q.

---

bb   cc   ff   gg   ll   mm   nn

pp   rr   ss   tt   j'h   d'h   l'h

m'h n'h s'h th t'h rh d'h

gn ch ill qu ill ph ch

bl cl cr br dr fl fr

pr pl gl gr vr tr bl

ccl ccr ffl ffr ppl ppr ttr

sp sb sc squ sph sl sm

st sth thr sv sr sf sph

spr spl scr scl sgr str scr

RÉSUMÉ GÉNÉRAL EN SYLLABES.

beau cou den fei gou

hau j'ai l'œu miau nia

pio	sui	tthieu	viai	zie
vian	tien	ssion	coin	juin
bac	col	dul	fil	gar
her	j'ad	l'ob	mul	nil
pur	raf	suc	tel	val
xar	zof	pair	paul	n'aug
four	jour	bouc	seul	peur
cœur	suif	miel	juif	fuir
bon	d'en	cun	din	fan
gom	hum	jam	lain	mon
n'en	pein	rem	sim	tein
bbe	ccor	ffen	llon	mmun
nnon	ppar	rran	tten	ssion
d'ho	j'ha	l'hy	m'hu	n'hé

s'hu   thè   choi   gneau   illan

phan   qu'il   bloc   clin   flam

glan   plein   brai   crain   droi

frai   grain   prom   trac   vrai

scor   sbé   sfai   smal   svel

stan   sra   sthè   sque   sphè

splen   scla   scru   sgra   strai

spro   strac   scrip   scour   struc

ffran   ccroi   ggra   ppren   ttrac

can   cen   cain   cein   çor

cer   cir   cour   cun   cin

gan   gain   gain   gein   geur

gor   gir   gour   ger   gem.

AVIS. — Employez chaque jour une partie de la leçon à faire lire
le résumé général.

Vos cheveux sont déjà gris.
o   e   eu   on   ê   a   i

Nos canaux sont bien profonds.
o   a   ô   on   ien   o   on

Vos lambris sont très sales.
o   an   i   on   è   a   e

Nos pêcheurs ont pris des carpes.
o   ê   eur   on   i   è   ar   e

Mon vin muscat est trop doux.
on   in   u   à   è   o   ou

Le printemps sera bien beau.

Nos paysans sont bien propres.

Voilà trois choux fort gros.

Léonard a froid aux doigts.

Germain vit trois loups.

Michel vendit huit sacs de blé.

Edmond mange vos noix fraîches.

Hubert reçut un coup sur le dos.

Voilà de beaux plats de poisson.

Vos fruits sont déjà bien mûrs.

Robert perdit son mouchoir neuf.

On construit de nouveaux ponts.

Ton courroux se calma bientôt.

Mon cheval broncha deux fois.

Le sergent-major viendra ce soir.

L'habit neuf de Michel va bien.

Voici deux beaux canards.

Vos mouchoirs sont fort sales.

Nous lirons le journal ce soir.

Bernard a ouvert la porte.

Nous vîmes beaucoup de soldats.

Michel a mangé deux biscuits.

Edmond est trop bruyant.

Denis ira demain au bal.

On mettra deux couverts de plus.

François n'est pas boudeur.

Voilà qui est bien naturel.

Je crains beaucoup la chaleur.

Voici deux flacons de cristal.

Clément est trop craintif.

Léonard ne sera jamais brutal.

Voilà deux vilains crapauds.

Notre chat miaula toute la nuit.

Nos chiens font bonne garde.

On vous servira un beau brochet.

Voilà du fruit sur le buffet.

Je vous promets d'être bien sage.

Vincent me donna ce cachet.

Clément a beaucoup de caquet.

Voici deux cornets de bonbon.

On mit ce duvet sur mon lit.

Lavez bien vos poignets.

Allez donc mettre vos sabots.

Venez voir notre beau jardin.

Donnez-moi mon canif noir.

Montez donc mon cheval noir.

Ouvrez-nous donc le guichet.

Germain va chanter ce morceau.

Denis va vous donner du pain.

Tous nos boulangers sont riches.

Tous vos pommiers sont fleuris.

Ton cocher nous conduira bien.

Le blé est bien cher maintenant.

Vous placez fort mal vos pieds.

Vos blés seront bientôt mûrs.

J'ai bien mal au pied droit.

Nos chefs seront bien contents.

Quels chevaux prendrez-vous ?

On donnera deux beaux concerts.

Tu perds trop à ce marché.

Vous prenez beaucoup trop de sel.

Vous n'aurez point de dessert.

Vous voyez couler mes larmes.

On rit de tes pertes.

Que dites-vous de ces pièces ?

Les perles de Clément sont belles.

Mes cormes ne sont pas mûres.

Robert riait de tes craintes.

Louise récure les casseroles.

Nos moutons sont dans le bercail.

J'aurai un collier de corail.

Nous verrons lever le soleil.

Voici un couvert de vermeil.

Voilà un cuisseau de chevreuil.

Rose n'aime pas le travail.

Le réveil de Joseph fut pénible.

Ce bouvreuil ne chante pas.

Le poitrail du cheval est beau.

Mettez-vous dans ce fauteuil.

On vendra beaucoup de bétail.

Rose me donna un joli mail.

On n'a jamais rien vu de pareil.

Ce cerfeuil est déjà bien grand.

XXIIe LEÇON.

Victor acheta un joli flageolet.

On nous servit deux pigeonneaux.

Robert mangea mes noisettes.

Vos pigeons sont magnifiques.

Tous les bourgeois sont contents.

Nous nageâmes dans le fleuve.

Une souris rongea mon linge.

Nous prendrons une longue corde.

Germain nous guida très-bien.

Ma sœur vous pria d'agir.

On ne vous fera point languir.

3

Ta sœur acheta une belle guimpe.

Mon chien ouvrait sa large gueule.

Clément se blessa à la joue.

Il se fit une grande plaie.

On mangea du foie de veau.

Les rats sont la proie du chat.

Nous voilà au temps des pluies.

Tu haïras toujours la paresse.

Mais tu ne haïras personne.

La haine fait commettre le crime.

Moïse, Saül et Esaü sont des personnages de l'Histoire sainte.

Un voile épais couvre son visage.

Ne laissez pas la porte ouverte.

Treize ouvrie*rs* feron*t* ce travail.

Mon frère aura le premie*r* pri*x*.

Voilà encore une bonne occasiòn.

E*t* votre maman, que fait-elle ?

Que dit-on de nouveau à la ville ?

Cet agneau n'e*st* pa*s* tro*p* gra*s*.

Nous iron*s* demain chez ma tante.

Ton emploi te fai*t* vivre.

Vous avez de meilleur*s* revenu*s*.

On offrait un appui à te*s* cousin*s*.

Tes enfan*ts* vont-ils à l'école ?

Me*s* corme*s* son*t* déjà mûre*s*.

Nous vîmes des canaux étroits.

Voilà des chemins affreux.

Ce petit animal vous amusera.

Voilà les plaisirs du premier âge.

Michel est arrivé à cinq heures.

Il n'arriva aucun étranger.

Je vous présente un bon enfant.

On entend toujours du bruit.

Nous visitâmes trois hommes.

Nous verrons trois hameaux.

Le soleil mûrit les fruits.

Ah! que ces fruits sont beaux!

L'écho étonne la première fois.

L'orchestre sera mieux composé.

Les chœurs seront bien chantés.

Robert traversera le ruisseau.

Ce maître a beaucoup de disciples.

Le bon soldat aime la discipline.

Vos succès me font grand plaisir.

L'accent n'est pas bien placé.

L'accident n'aura pas de suites.

Tournez-vous vers l'Occident.

Julien succéda à son père.

Ne balbutiez jamais.

Soyez toujours bien patient.

On s'impatiente trop facilement.

Ne perdez jamais patience.

L'ambitieux n'est jamais satisfait.

Les facéties font rire.

Le facétieux plait quelquefois.

Evitez les discours séditieux.

Fuyez toujours la sédition.

On vante la nation française.

Nous prendrons nos précautions.

On me reçut sans condition.

On me donna la deuxième place.

Nous lisons la dixième page.

J'aurai un dixième de son bien.

Je vous exhorte à bien écrire.

Nous jouâmes aux quilles.

Les jeunes filles tricoteront.

Mettez les billes sur le billard.

Allons jusqu'au village voisin.

Votre ville n'est pas grande.

Nous y vivons fort tranquilles.

Vos sœurs disaient leurs prières.

Mes tantes lisaient les journaux.

Tous les domestiques dormaient.

Les bœufs beuglent ;

Ils labourent les champs.

Les brebis bêlent ;

Elles paissent l'herbe.

Les canards nasillent ;
Ils nagent fort bien.
Les chats miaulent ;
Ils prennent les souris.
Les chevaux hennissent ;
Ils traînent nos voitures.
Les chiens aboient ;
Ils gardent nos maisons.
Les loups hurlent ;
Ils dévorent les moutons.
Les moineaux pépient ;
Ils détruisent le grain.

Mon cher enfant, vous lisez encore bien lentement ; mais vous savez lire. Appliquez-vous ; lisez beaucoup, et bientôt vous lirez couramment. Soyez attentif, tâchez de comprendre ce que vous lisez et vous vous instruirez en lisant.

Il faut d'abord apprendre vos devoirs. Ce mot *devoir* ne doit pas vous effrayer : chacun a des devoirs ici-bas, et on ne peut être heureux qu'en les remplissant avec exactitude.

Nous avons des devoirs envers Dieu qui nous mit dans ce monde.

Nous avons des devoirs envers nos parents qui s'occupent de notre bonheur.

Enfin nous avons des devoirs envers les autres hommes si nous voulons vivre avec eux.

Nos premiers devoirs sont envers Dieu, et voici pourquoi.

C'est Dieu qui a fait le ciel et la terre et tout ce qui existe.

C'est Dieu qui pourvoit à tous nos besoins.

C'est Dieu qui nous permet de vivre et qui peut nous faire mourir quand il lui plaît.

Nous sommes tout-à-fait sous sa dépendance.

Mais Dieu nous aime, et il veut que nous soyons heureux.

Tout ce qui nous fait du bien nous vient de Dieu.

Ce qui nous fait de la peine ne vient que de nous.

Pour prix de tout le bien qu'il nous fait, Dieu nous commande de l'aimer, de le craindre, d'être bons envers tout le monde et de bien remplir tous nos devoirs.

Si nous faisons ce que Dieu commande il nous récompensera.

Si nous lui désobéissons il nous punira.

Il aime surtout les enfants qui craignent de lui déplaire et qui font tout ce qu'ils peuvent pour lui être agréables.

Dieu peut tout et il sait mieux que nous ce qui nous convient.

C'est pour cela que nous devons le prier sans cesse, avec confiance, pour en obtenir tout ce qui peut faire notre bonheur.

Dieu est surtout juste et bon.

C'est lui qui adoucit la misère du pauvre et console les malheureux qui implorent sa bonté.

Parce que Dieu est juste, il punit sévèrement les méchants.

Mais parce qu'il est bon, il pardonne facilement à ceux qui sont sincèrement fâchés de lui avoir déplu.

S'il vous arrivait jamais de déplaire à Dieu, hâtez-vous de lui en demander pardon.

N'oubliez point cependant qu'il vaut mieux mourir que de déplaire à Dieu.

Un enfant bien élevé ne prononce le nom de Dieu qu'avec respect.

Gardez-vous de croire que vous pouvez faire quelque chose sans que Dieu le sache.

Dieu sait tout et il voit tout, car il est partout.

Nous avons vu quels sont vos devoirs envers Dieu.

Voyons maintenant ce que vous devez à vos parents.

C'est votre mère qui vous soigne depuis que vous êtes né.

Mais rappelez-vous avec quelle bonté elle veille à vos moindres besoins, à vos plaisirs!

Souvent elle ne dort pas la nuit dans la crainte que vous n'ayez mal.

C'est votre mère qui vous a appris à parler et à marcher.

C'est votre père qui paie les aliments qui vous nourrissent et les vêtements qui vous couvrent.

Il paie aussi les maîtres qui vous instruisent.

Voyez combien votre père et votre mère vous aiment!

Ils jouent avec vous et ils vous caressen
quand vous êtes sage.

Ils doivent aussi vous corriger quand vou
ne l'êtes pas.

Pour récompenser vos parents des peine
qu'ils ont à vous soigner, à vous élever
Dieu vous commande de les aimer, de le
respecter et de ne rien faire qui puisse le
affliger.

Vous devez surtout soigner votre père e
votre mère quand ils sont vieux ou malades.

Si vous y manquiez tout le monde dirait
que vous êtes un ingrat, un méchant et Dieu
vous punirait.

Vos frères, vos sœurs, vos oncles, vos
tantes, vos cousins et vos cousines sont les
premiers amis que Dieu a placés près de
vous.

Vous devez les aimer d'une manière toute particulière et faire tout ce qui dépend de vous pour leur faire plaisir.

Après vos parents, les personnes qui vous instruisent ont des droits particuliers à votre amour, à votre respect et à votre reconnaissance.

Vous devez aussi aimer tous vos semblables et les aider quant ils ont besoin de vous, si vous voulez qu'ils vous aiment et qu'ils vous aident quand vous aurez besoin d'eux.

www.ingramcontent.com/pod-product-compliance
Ingram Content Group UK Ltd.
Pitfield, Milton Keynes, MK11 3LW, UK
UKHW022118070726
13613UKWH00003B/1147